AF370872

COUP D'ŒIL SUR L'ÉVOLUTION

DU

RÉGIME ÉCONOMIQUE

ET SA DIVISION EN PÉRIODES

PAR

MAXIME KOVALEWSKY

(Extrait du *Devenir Social*, N° 6, (Juin 1896).

PARIS

V. GIARD & E. BRIÈRE

LIBRAIRES-ÉDITEURS

16, RUE SOUFFLOT, 16

1896

Coup d'œil sur l'évolution du régime écono-
mique et sa division en périodes [1].

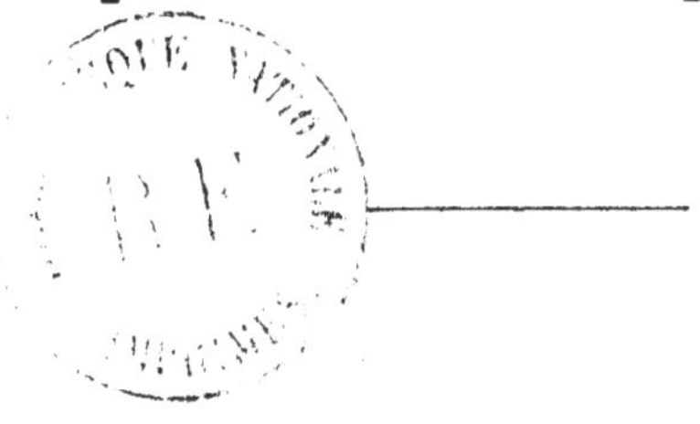

Depuis qu'Auguste Comte a posé les bases de la sociologie dyna-mique, tous les éléments dont se compose la civilisation moderne ont été étudiés dans leurs origines et leur évolution. On a disserté sur le progrès des sciences exactes, sur la morale, le droit, le gouvernement, les arts et l'industrie. On est allé même jusqu'à parler de l'évolution des genres littéraires. Je ne connais qu'une exception à la règle qui veut que tout évolue dans le monde. Cette exception, d'ailleurs, a été plutôt admise tacitement que démontrée. Les économistes ont con-sidéré le régime moderne de la production, de la répartition et des échanges comme quelque chose de stable et de soumis à tout jamais aux lois naturelles et, par conséquent, immuables de l'offre et de la demande, lois dont l'exercice régulier doit conduire tous et chacun de nous à la richesse et à la prospérité.

Cette promesse tardant à s'accomplir, on est, petit à petit, arrivé à se demander si le régime économique moderne n'était point, après tout, une phase passagère de notre évolution. En portant nos regards sur l'antiquité et le Moyen Age, ainsi que sur les conditions d'existence de ces peuples nombreux qui n'ont point eu d'histoire et qui, pour cette seule raison, forment le domaine de l'ethnographie, nous arrivons à la constatation de ce fait que la production et la répartition des

---

richesses ne se sont pas toujours faites de la même façon; l'échange n'entrait point dans les calculs des premiers chasseurs, pasteurs ou agriculteurs qui ont peuplé le globe; ils se contentaient de suffire à leurs propres besoins et à ceux du cercle restreint où s'écoulait leur vie. Rien, par conséquent, ne les poussait à une appropriation individuelle du sol ou à l'accumulation des capitaux; la rente était inconnue ainsi que l'intérêt de l'argent, et la seule valeur admise était celle qu'on nomme la valeur d'usage.

Au lieu de nous apitoyer, avec les économistes, sur le sort de ces tristes populations, ignorant l'usage de la monnaie et l'avantage des échanges, tâchons de nous rendre compte des raisons d'un pareil ordre de choses, ainsi que des causes qui ont peu à peu amené la constitution du régime économique moderne. C'est là le sujet de cette leçon et de celles qui vont suivre.

Une étude de longue haleine m'a conduit à la constatation de ce fait que le facteur principal de tous les changements dans l'ordre économique n'est autre que l'accroissement de la population.

La première question que doit se poser un sociologue, soucieux d'étudier les assises d'un ordre économique déterminé, est de savoir quelle est la densité de la population tant du pays donné que de ceux qui l'environnent. Car il suffit que la population devienne plus dense pour décider un peuple à sortir de son isolement et à faire servir de gré ou de force ses voisins aux intérêts de sa propre production et de sa consommation. Ainsi, pour moi, le moteur principal de l'évolution économique est la marche ascendante de la population.

Cette façon de voir n'a rien de commun avec la théorie de M. Loria. Pour lui, toute évolution dans le régime économique n'a pour base que la disparition progressive des terres vierges. Il croit que les *res nullius*, dont il est tant de fois question chez les jurisconsultes romains, ont réellement existé. On dirait qu'il ignore ce fait, pourtant si bien établi par l'histoire générale du droit, que la terre, avant de devenir l'objet d'une appropriation individuelle, a été considérée comme le domaine indivis du clan, de la commune, ou encore de la peuplade toute entière, que les premiers défrichements n'ont pu, par conséquent, avoir lieu que du consentement des parents, des voisins ou de celui qui représente en sa personne l'autorité du peuple de la commune, duc élu, roi héréditaire, seigneur féodal. C'est là l'origine de ces coutumes nombreuses qui permettent aux *vicini* ou *comarcani*, c'est-à-dire aux voisins copropriétaires, de s'opposer à l'établissement d'un étranger dans leur milieu.

C'est aussi la raison pour laquelle, à un moment donné, le chef des croyants ou le chef de l'État furent déclarés être les seuls propriétaires du sol de tel ou tel pays. La formule chère aux feudistes et qu'on trouve déjà chez Beaumanoir « nulle terre sans seigneur » se rattache également à cette théorie.

La thèse de M. Loria pèche donc par la base. Elle a pour point de départ la reconnaissance d'un fait imaginaire et qui probablement ne se serait pas présenté à son esprit si, dans ses recherches, l'illustre professeur de Padoue ne s'était laissé entraîner par le désir de trouver des analogies entre l'appropriation du sol par les colons américains et celle qui se produisit à l'époque de la migration des peuples germaniques. Or, si les colons venus de l'Europe dans le Nouveau-Monde s'arrogeaient les droits de premier occupant, ce n'est que parce qu'ils faisaient table rase des droits antérieurs des tribus autochtones. Il n'en fut guère ainsi des Germains qui trouvèrent sur les lieux des populations slaves, celtiques et romaines, et ne furent jamais traités autrement que comme les hôtes forcés ou voulus de ceux qui avaient occupé le sol avant eux. On leur cédait une partie des champs en culture, des pâturages et des forêts, ici un tiers, ailleurs la moitié ; nulle part les anciens propriétaires ne furent complètement dépossédés. Même dans les cas où les nouvelles colonies germaines choisissaient pour lieu de résidence des domaines des empereurs romains, la terre devenait l'apanage de toute la communauté et ne pouvait, par conséquent, être appropriée sans son consentement.

La thèse de M. Loria contient tout de même une part de vérité. Il est certain que les deux formes de travail forcé, l'esclavage et le servage, disparaissent en même temps que les derniers restes de terres non occupées et aptes à la culture ; mais les deux faits ne sont point entre eux dans un rapport de causalité, ils ont seulement une même origine qui n'est autre que l'accroissement de la population. Une densité plus grande demande une appropriation plus étendue et un travail plus intensif. Les terres en jachère et ne servant qu'au parcours des bestiaux furent, par conséquent, sacrifiées, et le travail libre, infiniment plus rénumérateur, vint prendre la place des corvées féodales.

Notre théorie, quant à l'influence qu'exerce sur l'évolution économique l'accroissement du nombre des habitants, ne doit être admise d'ailleurs qu'à condition de fournir elle-même les preuves de sa vitalité. Elle peut le faire, en donnant l'explication scientifique des divers phénomènes qui ont abouti à la création du régime économique moderne.

On a signalé, à maintes reprises, ce fait que les peuples vivant de chasse et de pêche ne peuvent se passer d'une très grande étendue de terrain. Leur mode d'existence ne peut durer qu'aussi longtemps que les pays voisins restent ouverts à leurs parcours. Tout accroissement de leur population produit, par conséquent, le même effet que celui qui résulte de la multiplication des foyers au sein de la tribu de chasseurs. Ses incursions dans les régions voisines devront cesser, à moins que les peuples de ces régions ne soient amenés par force à reconnaître le bon vouloir du vainqueur et à lui céder leur pays. L'accroissement de la population est donc un puissant dissolvant de ces sociétés primitives, qui ne connaissent d'autres moyens d'existence que ceux que leur fournissent les animaux des forêts, les poissons des rivières, des lacs ou de la mer, ou encore le bétail humain, très apprécié par ces anthropophages. La domestication des animaux et l'assujettissement des prisonniers de guerre fournit, dans ce cas, le seul moyen d'échapper à la mort, sans sortir brusquement et par force des réserves qu'impose le voisinage de tribus également guerrières et qui ne laisseront pas aisément enfreindre leurs limites.

Mais avant que se produise ce passage naturel à l'état de peuples pasteurs, les primitifs arrivent déjà à une appropriation individuelle non de la terre et de ses produits, dont il ne sauraient que faire, mais des armes et des vêtements, d'ailleurs très rudimentaires et ne consistant la plupart du temps qu'en silex polis ou non polis, en peaux et en plumes. La production s'accomplit par conséquent en dehors de la constitution d'une propriété immobilière. De plus, elle prend souvent la forme communiste, en ce ce sens que la chasse aux grosses bêtes aussi bien qu'à l'homme se fait par des compagnies d'individus venus de divers endroits, mais appartenant à la même peuplade. Le produit de ces entreprises communes est rarement partagé ; la chair des animaux abattus est consommée sur place. On ne met de côté que ce qui peut être conservé pendant un temps plus ou moins long, comme la graisse, les peaux, les cornes. C'est à cela que se limite le partage. Des coutumes fort variées règlent le mode de son exécution, en accordant, par exemple, les cornes à celui des chasseurs dont la flèche a été la première à frapper le cœur de la bête, ou encore en proportionnant les lots à l'apport fait par chacun d'eux à l'entreprise commune. C'est ainsi que, au dire de Rink, chez les Esquimaux, qui font en commun la pêche du requin, on accorde une plus grande part à celui qui a fourni

¹e canot ou les filets, et une moindre à celui qui n'a servi l'entreprise commune que de ses bras.

Ainsi, travail collectif, consommation en commun et partage en lots d'inégale grandeur de tout ce qui peut être conservé du produit de la chasse et de la pêche, tels sont les principes qui règlent le régime économique des peuples chasseurs et pêcheurs et les distinguent d'une façon marquée des pasteurs et des agriculteurs qui leur succèdent.

Tous ces phénomènes se tiennent entre eux et proviennent de la même origine — de la grande extension de la surface soumise aux parcours et de la faible densité de la population.

2° Avec son accroissement s'exécute le passage à un nouveau mode de production, qui est l'élevage des bestiaux. Il demande une région moins étendue, mais encore plus assurée contre les incursions étrangères. Aussi est-ce pour garantir les pâturages contre toute velléité de partage de la part des tribus voisines, que les peuples pasteurs sont obligés de se tenir sur la défensive et de sauvegarder leurs limites de vive force. Aussitôt que le bétail devient trop nombreux, ou encore dans le cas où le manque de pluies ou des froids trop rigoureux ont empêché la croissance de l'herbe, on les voit abandonner leurs campagnes et se retirer sur les vertes cimes des monts ou encore dans les forêts qui souvent restent indivises, en possession commune de plusieurs peuplades. Ceux qui manquent de pâturages font appel à leurs voisins et les obligent de gré ou de force à prendre leur bétail à cheptel. C'est ainsi qu'au Caucase les Kabardiens de la plaine ont toujours eu recours aux montagnards d'origine tatare et connus sous le nom de Balkartsi. La dépendance politique de ces derniers n'avait eu pour origine que cette raison purement économique.

Le même fait se reproduit dans les rapports des Touchines et des Géorgiens de la grande vallée parcourue par l'Alazan et si riche en vignobles qui produisent les vins excellents de la Kakhétie. Seulement, cette fois, ce sont les peuples de la plaine qui sont entrés dans un état de dépendance vis-à-vis des montagnards; ces derniers les obligent à admettre leur bétail sur les riches pâturages des versants des montagnes qui bordent cette vallée si fertile.

Il est fort probable que plus d'un fait de l'histoire ancienne, tel, par exemple, que l'invasion des Hyxos dans l'Egypte, ne s'est produit que grâce à l'insuffisance des pâturages amenée par une série de mauvaises saisons et encore plus souvent par l'accroissement naturel de la population, suivie de près par l'extension de l'élevage. On trouve également dans les conditions d'existence des Celtes de l'Irlande un exemple frappant des rapports très compliqués qui finissent par s'établir entre ceux qui possèdent des bestiaux et commencent à manquer de pâturages et ceux qui manquent de bétail, mais sont riches en prairies.

Le *fuidhir* irlandais consent à devenir l'homme-lige du *boaire* ou possesseur des vaches. N'est-ce pas la reproduction sur une grande échelle de cette servitude volontaire, dans laquelle, au dire de la Bible, Jacob est entré vis-à-vis de Laban dans l'espoir d'une rénumération en génisses?

C'est ainsi que les peuples pasteurs finissent par avoir recours, je ne dirais pas à l'établissement de l'esclavage, mais d'un genre de patronat, lequel à la longue peut devenir la source d'une vraie dépendance, non seulement entre individus, mais entre clans et peuplades entières. Le fait que le nom de fief provient, au dire des philologues, du mot *ve* ou *vieh* « bétail », peut servir d'illustration à cette thèse. Tâchons maintenant de tirer les conclusions auxquelles se prêtent ces traits détachés d'un mode d'existence tellement éloigné du nôtre, que nous n'arrivons qu'avec peine à saisir son caractère vraiment original.

De propriété individuelle, dont la terre soit l'objet, on ne trouve encore aucune trace. Les parcours appartiennent tantôt à la peuplade, tantôt au clan et à la famille élargie; à ces *consanguinitates hominum qui una coierunt*, dont il est question dans l'exposé que donnent de la vie des anciens Germains les *Commentaires* de César. On ne connaît point aussi d'appropriation individuelle d'hommes et de bétail. Les serviteurs font partie de la *familia*, de la maisonnée, quelquefois de la totalité des foyers formant un même clan ou une même tribu. Il en est de même des bestiaux, dont les produits seuls, tels que les laitages ou laines, deviennent l'objet d'une possession individuelle, possession dont la limite est établie par le besoin personnel.

En cela l'état des peuples pasteurs se distingue à peine de celui des chasseurs et des pêcheurs. Mais, à côté, nous constatons une différence essentielle. Voici en quoi elle consiste. L'élevage des bestiaux a fini par établir entre les clans et les familles une différence de bien-être, de richesse et de pauvreté. On en profite pour remettre à un moins fortuné l'obligation d'assurer par son travail l'existence et le repos des membres d'un foyer ou d'un clan plus aisé et, par conséquent, plus puissant. Le serviteur gardien des troupeaux apparaît à côté de la servante fileuse de laine. Ces premiers agents du travail forcé ne ressemblent que de loin à ces esclaves dont le maître peut disposer comme de sa chose et de son bien. Le berger surtout est un être privilégié. Mainte coutume lui attribue une part considérable du produit annuel des troupeaux qu'il surveille. Le bail à cheptel, connu en Italie sous le nom de *socida*, a des antécédents nombreux dans l'existence des peuples pasteurs des steppes russes. Quant à la servante, elle vit au sein de la famille, pareille à cette fille du prêtre d'Apollon, que les Grecs ont capturée devant Troie et qu'Agamemnon refuse de rendre en déclarant qu'elle ne sortira point de son palais d'Argos et qu'elle filera de jour la laine et s'approchera la nuit de sa couche (Iliade, ch. Ier).

3° La transition entre l'état pasteur et l'état agriculteur ne s'accomplit que d'une façon lente et modérée. Pour s'adonner à l'élevage des bestiaux, on n'est point forcé d'interrompre l'exercice de la chasse ou de la pêche. On finit seulement par ne point y voir l'emploi régulier de son temps. Il en est de même de l'agriculture. L'orge, l'avoine, le seigle, le maïs, le riz, qui poussent d'eux-mêmes parmi les herbes sauvages, ont pu être recueillis par des peuples pasteurs bien avant leur passage à l'agriculture. A la découverte du Nouveau-Monde, les Espagnols ont vu les Peaux-Rouges faire usage de la feuille de tabac, mais rien ne prouve que cette plante fût de leur part l'objet d'une culture artificielle. Il en fut de même de ces tribus germaniques que César connaît sous le nom de *Svevi*. Chez eux, une moitié seulement des habitants donnait ses soins à l'agriculture, l'autre continuant à chasser et à faire la guerre. Tous les ans on changeait d'occupation, les agriculteurs devenaient chasseurs et les chasseurs agriculteurs. L'ethnographie nous fournit maints exemples de peuples chez lesquels les femmes font tout le travail des champs, l'homme restant régulièrement chasseur, pasteur et guerrier. Tout récemment encore, au Caucase, les Tcherkesses et les Svanètes remettaient à leurs femmes le soin de l'agriculture et se contentaient pour leur part de parcourir les forêts le fusil à la main ou de surveiller les bestiaux dans la montagne.

C'est encore l'accroissement du nombre des ménages qui force les peuples pasteurs à s'adonner plus exclusivement à l'agriculture, à passer à ce mode nouveau d'existence, qui a cela de particulier qu'avec lui le déplacement devient moins fréquent, et le nomade cède le pas au sédentaire. D'ailleurs, même en cela, pas de transition brusque et immédiate. L'agriculture elle-même reste quelque temps nomade en ce sens que les champs ne sont labourés que durant une ou plusieurs années, après quoi on les délaisse pour d'autres terres encore vierges et promettant une récolte plus abondante. C'est là le vrai caractère de cette *Feldgrosswirthschaft*, terme allemand que rend d'une façon plus parfaite le nom russe de *podsietchnoïé khoziaïstvo* ou économie dont l'abattement de la forêt ou sa destruction par le feu forme le trait saillant. Les colons de l'Amérique l'ont pratiquée pendant des séries d'années. Elle est encore à l'ordre du jour parmi les agriculteurs de la Sibérie. En parlant des Germains, Tacite les représente comme passant d'année en année sur d'autres champs, *mutando arva per annos*, c'est-à-dire exerçant une agriculture nomade et qui les force à un éternel déplacement. Aussi, plus d'une ancienne coutume juridique place l'habitation au nombre des meubles ; les chariots monstres servant de demeure aux Nogaïs, ainsi que les cabanes faites à la hâte de feuillages et de broussailles, auxquelles les Cosaques du Don et du Dniéper ont eu recours dans le temps, donnent mille fois raison à ces coutumes.

Mais il suffit que la peuplade croisse en nombre sans pouvoir s'étendre au-delà de ses limites pour produire un changement important dans le mode d'aménagement des champs et dans toutes les autres conditions d'existence.

On n'est plus autorisé à occuper la quantité de terre voulue et dans n'importe quelle partie du territoire commun. La peuplade entière, formée qu'elle est de clans se rattachant à la même ou à plusieurs tribus, s'oppose à ces *purprises*, dont la seule limite est le bon vouloir du colon ou, d'après le dicton russe, « sa hache et sa charrue ». On commence à aménager les terres en commun et par lots, les laissant reposer d'abord tous les deux ans, et plus tard, toujours grâce à l'accroissement du nombre des habitants, tous les trois ans. Nous voilà en présence de l'assolement d'abord biennal, ensuite triennal, et de ce communisme agraire que les ethnographes et les historiens constatent dans le présent ou dans le passé des peuples les plus divers, à commencer par les Peaux-Rouges et tout particulièrement les Aztèques et les Incas, en passant de là aux Celtes de l'Irlande et du Pays de Galles, aux Germains connus de César et de Tacite, aux populations d'origine malaise qui habitent l'île de Java, aux Radjpouts, Djats et autres tribus aryennes ou touraniennes de l'Inde, aux indigènes de la Chine et en finissant par l'exemple si connu du *mir* russe, d'origine plus moderne, de caractère plus compliqué et précédé d'un genre de communisme qui, grâce à une population encore faible et à une grande étendue de terrain, n'est pas forcée de recourir au partage périodique des lots.

Aux débuts de l'état agriculteur l'appropriation individuelle du sol n'existe que pour un temps défini. Ce qu'on trouve, c'est la possession individuelle ou plutôt familiale de la terre, en aucune façon la propriété privée. César le dit catégoriquement en parlant des Svèves : *sed privati ac separati agri apud eos nihil est*. En ceci la coutume des anciens Germains est parfaitemenl analogue à celle qui régit les rapports du paysan russe avec la terre qu'il cultive. On peut en dire autant des *calpulli* ou clans mexicains et *ayllos* ou clans péruviens qui, selon le témoignage de Santillan, ne possédaient que des lots annuels, nommés *tupu*, dans les champs que le village-tribu mettait en culture (1).

Non seulement la terre restait propriété collective, mais son aménagement se faisait en commun. Les paysans péruviens, enrégimentés en dizaines et conduits au travail par un supérieur élu, grattaient la terre avec une sorte de lance très longue, connue sous le nom de *lampa* et qui, chez eux, remplaçait la charrue. Ils ensemençaient également en commun les champs ainsi préparés, en commençant par ceux dont le produit allait au prince (à l'Inca) et au clergé, et en finissant par ceux qui devaient subvenir à leurs propres besoins. La récolte se faisait de la même façon, mais chacun n'avait droit qu'au produit de son propre lot (2). Les paysans russes gardent encore une trace de ce travail communiste dans l'aménagement des terres dont le produit sert à alimenter les magasins de provisions. Ces mêmes terres sont connues chez nous sous le nom de « labours communs » (*mirskiia zapachky*).

Une autre survivance de ce régime communiste appliqué à la production, se retrouve dans les services soi-disant volontaires que doivent se prêter réciproquement en temps de récolte les membres du même mir ou de la même communauté agraire. C'est ce que nous appelons les *obchtchestvennyia pomotchi*. Leur existence est d'autant plus curieuse à noter que nous les retrouvons au Moyen Age sous les divers noms de *angariæ autumnales*, de *precariæ* ou de *lovebones*, exercés cette fois au profit du seigneur, que la coutume force à donner un repas à ces auxiliaires si précieux (3).

Mais si l'état agriculteur se passe, un certain temps du moins, de la possession privée du sol, il n'est que trop enclin à l'appropriation individuelle du travail humain. C'est là l'origine de cette extension

---

(1) Voy. Heinrich Cunow, *Die Soziale Verfassung des Inkareichs* ; Stuttgart, 1896, p. 74.

(2) *Ibid.*, p. 70.

(3) Voy. l'ouvrage de M. Vinogradov, *Villenage in England*, et la *Geschichte der Frohnhöfe*, de G.-L. Maurer.

prodigieuse que prennent l'esclavage et le servage au sein des peuples agriculteurs. Nous le trouvons même chez ceux qui, comme les tribus aryennes du Pundjab, possèdent la terre en commun. Aussi voit-on, chez ces derniers, le sol cultivé par parcelles à l'aide de colons attachés à la glèbe (une sorte de *servi rustici*) et sortant des rangs des peuplades conquises. Ceci n'empêche pas que les tribus Radjpoutes ou Djates se considèrent comme copropriétaires du sol et se contentent, la plupart du temps, de la seule répartition de ses produits (1).

Aussi ne vois-je pas la raison pour laquelle on a voulu tirer une conclusion défavorable à l'existence de la propriété collective chez les Germains du seul fait que ces derniers, au dire de Tacite, avaient des serfs attachés à la glèbe et occupant avec leurs familles certains enclos. Il en fut de même chez les Slaves; leur régime communiste ne fut point atteint par l'existence de l'esclavage et du servage. Ainsi que les Germains, ils comptèrent au nombre de leurs travailleurs forcés des hommes nécessiteux d'origine libre. Ces hommes, manquant de bétail pour l'aménagement de leurs champs, consentaient à échanger leur indépendance pour des avances de bestiaux faites par l'homme riche. C'est là l'origine de ces *rolëïnyié zakoupy* ou serfs volontaires qui, en Russie, se laissaient entraîner par l'appât de posséder le nombre de bœufs nécessaires à leur charrue (*ralo*) (2).

L'évolution du servage en Russie est très édifiante à ce point de vue, car elle est la négation manifeste de la théorie qui le fait dériver uniquement de la guerre et de la conquête. En effet, cette histoire montre on ne peut mieux les origines purement économiques de la main-morte. A côté de l'esclave ou *kholop* attaché à la glèbe, nous voyons apparaître, en Russie, l'homme libre mais manquant de bétail, et pour cette raison prêt à aliéner la libre disposition de sa personne, et le fermier obéré de dettes (le *sérébrénik*, de *sérébro* — argent prêté) qui ne peut s'affranchir de ses engagements vis-à-vis du prêteur qu'en devenant le serf de ses domaines.

Nous voici arrivé au terme d'une longue évolution qui, on peut le dire, s'est accomplie en dehors de l'histoire et avant qu'il vint à l'esprit de quelqu'un d'étudier le jeu des lois économiques qui régissent la production et la répartition de ces peuples encore vierges de tout instinct de propriété et d'accumulation de richesses.

---

(1) Tuper, *Pundjab customary law.*

(2) Voy. la *Rousskaïa Pravda* ou loi barbare des Russes et ses nombreux commentaires.

Ceux qui, comme M. Brentano, appellent la période que nous venons de parcourir du nom de *Haus* — ou *Familienwirthschaft*, autrement dit ménage familial, restent en dehors de la vérité, car il n'est que trop certain que la production et la consommation ne sont point encore le fait d'une famille, mais de la horde, du clan ou de la tribu. Il ne suffit pas de nier l'existence du matriarcat ou de tout autre groupement d'individus que celui que présente la famille dont le père forme la base. Dans ses attaques contre les ethnographes, l'éminent professeur de Munich fait uniquement preuve du peu d'étendue de ses lectures sociologiques. Mais même en dehors de toute théorie, s'attachant à prouver que le mariage est de date relativement récente, l'analyse que nous venons de présenter ne nous autorise guère à donner le titre de *Haus*- ou de *Familien-wirthschaft*, c'est-à-dire d'économie familiale, à des régimes où le foyer comme tel, c'est-à-dire une résidence continue et un cercle restreint de parents, joue un rôle des plus effacés. Nous aimons mieux, par conséquent, associer ces phases primitives de l'évolution économique à l'idée de horde, de tribu et de clan, ce qui en allemand pourrait être rendu par le terme de *Geschlechtsverfassung der Wirthschaft.*

II

L'histoire de la littérature économique, à laquelle M. Bruno Hilde·brand a si puissamment contribué par sa savante revue, ne pouvait se passer d'une esquisse, même sommaire, des divers régimes économiques qui ont précédé celui qui nous est propre. On a commencé tout d'abord par en reconnaître trois, qui sont : l'économie naturelle, l'économie dont l'argent forme la base et l'économie fondée sur le crédit (*Naturalwirthschaft, Geldwirthschaft et Creditwirthschaft.*) La principale objection qu'on pourrait faire à cette division de l'histoire en trois périodes est le manque de différence bien marquée entre les deux dernières. Il est incontestable que le crédit, ignoré à l'époque où la production se faisait dans l'intérêt d'une consommation immédiate et non pour l'échange, a fait son apparition aussitôt après. Même chez des peuples aussi arriérés que le sont les Ossètes du Caucase de nos jours ou les Russes du xie siècle, nous trouvons déjà des opérations fiduciaires. Le bétail est prêté pour une ou plusieurs années, et l'intérêt est calculé selon le nombre probable de génisses et d'agneaux que promet la croissance naturelle des troupeaux à la fin du terme choisi. Comme la vache peut vêler chaque année, la coutume ossète établit comme règle que celui qui emprunte une vache est tenu de. la restituer à la fin de l'année avec un veau, et au bout de deux ans avec une vache, car une génisse de deux ans peut être mère. Le capital est donc doublé dans l'espace de deux années, ce qui porte les intérêts à 50 0/0. Les Ossètes sont partis de ce principe et ont appliqué plus tard le même calcul aux prêts d'argent. On comprend ainsi comment ils ont pu considérer comme parfaitement légitime une convention qui permettait au créancier d'exiger comme intérêts à la fin d'une année la moitié de la somme prêtée. Le même raisonnement n'a pas été étranger à d'autres peuples. C'est ainsi que le code indou, connu sous le nom de Vyas, reconnaît au créancier le croît du bétail et des femmes esclaves données en prêt. C'est ainsi encore que la loi barbare des Russes (la Pravda de Iaroslav, qui est du xi⁰ siècle), après avoir parlé de l'emprunt, suppute aussitôt le croît que l'on peut obtenir du bétail en vingt et en douze ans. L'importance des intérêts dont fait mention ce code s'explique à mon avis par ce fait qu'on appliqua à l'argent le calcul qui avait été établi pour le prêt du bétail (1).

Dans toutes les anciennes législations on trouve déjà des allusions au prélèvement d'intérêts, non seulement simples mais composés. La forme d'esclavage à laquelle fut réduit à Athènes et à Rome le bas peuple pour dettes contractées chez les Eupatrides et les patriciens serait inexplicable si les créanciers s'étaient contentés de percevoir des intérêts simples. On ne comprendrait pas également que les codes hindous aient prévu un accroissement du principal et des intérêts tel, que du vivant même du débiteur leur somme pût dépasser huit fois la valeur de la chose prêtée (Vichnou, VI, 14). Mais le calcul des intérêts composés est une opération si délicate qu'il serait difficile de l'admettre à une époque reculée, si le peuple n'en avait pas trouvé la démonstration pratique dans la multiplication du bétail. Les montagnards d'origine tatare, connus sous le nom de *Karatchaï* et qui habitent les localités jadis occupées par les Ossètes, font encore de nos jours le calcul des intérêts composés en se basant sur la multiplication naturelle des vaches (2).

Ainsi, nul doute que le prêt à intérêt, c'est-à-dire le crédit, fût connu dès qu'on entra dans la période des échanges et de la production des

---

(1) Voy. ma *Coutume contemporaine et loi ancienne*, p. 140.
(2) *Ibid.*, p. 141.

- 13 -

valeurs marchandes. Ce qui a contribué à obscurcir cette question,
c'est la défense par les auteurs canoniques, les papes et les conciles,
du prélèvement de l'intérêt. On n'a pas voulu comprendre que le fait
seul de la reproduction constante de peines sévères, d'abord purement religieuses, contre les prêteurs, était un gage certain de l'inef-
ficacité de ces mesures. Comment expliquerait-on autrement l'in-
troduction de la lettre de change dans les villes marchandes de l'Italie
bien avant le xiiie siècle et le nombre prodigieux de banques privées
que nous trouvons au xiiie et au xive siècles en Sicile, à Florence, à
Gênes, à Venise, etc.? (1)

D'autre part, il est certain que plus nos échanges s'élargissent et
plus nous commençons à produire pour les consommateurs du monde
entier, plus le crédit prend le pas sur la monnaie, mais il ne s'en suit
guère que cette dernière doive être complètement éliminée à la longue
et que l'échange le plus étendu ne se résolve pas à certains moments
en de vrais payements en espèces monnayées. Ainsi la troisième
période indiquée par M. Hildebrand n'a pas de point de départ bien
certain : ses origines se confondent avec celles de l'économie que
M. Hildebrand appelle l'économie de l'argent, et son triomphe n'est
pas un arrêt de mort pour le régime dont ce même argent forme la
base.

Aussi croyons-nous pouvoir réduire les trois périodes signalées par
M. Hildebrand à deux seulement, celle où la production ne se faisait
qu'en vue d'une consommation immédiate et que l'économiste allemand
désigne par le terme d'économie naturelle et celle où son but est de
produire des valeurs d'échange pour un marché de plus en plus
étendu, et ne pouvant se passer de l'argent ni du crédit.

Je n'aime point d'ailleurs la terminologie de M. Hildebrand. Le
nom d'économie naturelle ne présente point à mon esprit le caractère
distinctif d'un ménage qui n'a pour but que la consommation immédiate. Ce n'est, d'autre part, ni l'argent, ni le crédit, mais l'échange
qui forme le trait saillant du régime moderne. Aussi me paraît-il plus
juste de désigner par les termes de ménage de consommation immédiate et de ménage d'échange les deux grandes périodes parcourues
jusqu'ici par l'évolution économique.

Je ferai observer que le terme ménage est employé ici dans le même

---

(1) Voy. *Storia dei banchi della Sicilia*, du prof. Vito Cusumano ; Rome,
1887, chap. iii, *Banchi privati*.

sens que celui qui lui fut jadis donné par de Serres, l'auteur du *Ménage des champs*, c'est-à-dire dans le sens de régime économique.

Le « ménage de consommation immédiate » n'est pas la même chose que l' « économie domestique », car il peut être conduit aussi bien par la horde, tribu ou le village, que par le chef du manoir et la corporation urbaine. Nous avons déjà eu l'occasion de parler des deux premiers modes de ménage.

Nous parlerons dans la suite de l'organisation du ménage de consommation au sein du manoir et de la cité. Mais avant tout précisons davantage la différence de notre doctrine de celle émise récemment par quelques savants allemands, et notamment par M. Bücher. A la page quinzième de sa *Monographie sur les origines de l'économie nationale*, vous trouverez la division de l'histoire économique dans les trois périodes suivantes (je traduis le plus littéralement possible.)

1) Période de l'économie du foyer (*Hauswirthschaft*), économie qui ne vit que de ses propres produits sans recourir à l'échange et en consommant elle-même tout ce qu'elle produit.

2) Période de l'économie de cité, quand les échanges sont limités à un nombre plus ou moins restreints d'acheteurs habituels, qui consomment les valeurs acquises sans les céder à autrui et où, par conséquent, les biens ou richesses passent directement des producteurs aux consommateurs.

3) Période de l'économie nationale, période de la production de biens marchands et de leur circulation, période pendant laquelle le même produit passe par une série de ménages avant de devenir l'objet de la consommation (1).

Ainsi M. Bücher ne connait, avant l'établissement de l'économie nationale, que le ménage de la famille-groupe et de la cité. Que fait-il de celle de la horde-tribu et du clan-village, que fait-il également de celle du manoir féodal? Je ne trouve point de réponse à cette question et je n'arrive pas à saisir la filiation directe qui peut exister entre l'économie du foyer et l'économie urbaine.

D'ailleurs, l'histoire n'exclut point la coexistence de ménages domestiques avec la tribu ou le village, le manoir ou la cité. Ces ménages ne sont qu'un des organes de la production et de la consommation, qui englobe un nombre de personnes beaucoup plus considérable : tous les membres de la horde-tribu, tous les membres d'un même village,

---

(1) Bücher, *Die Entstehung der Volkswirthschaft*, p. 15.

souvent même de plusieurs villages, faisant partie d'une même *mark*, tous les habitants du manoir ou encore tous ceux qui sont établis dans les limites d'une même circonscription urbaine.

Le foyer reste stationnaire, ou plutôt il diminue en passant de la famille étendue au couple individuel, alors que le cercle au sein duquel se produit la consommation des richesse tend au contraire à s'étendre et passe du clan formé par les foyers apparentés à la communauté plus nombreuse des voisins formant un même village; plus tard encore le village cède le pas à la réunion de plusieurs centres de population placés sous l'autorité du même seigneur féodal (j'entends le manoir). Puis survient la fusion de plusieurs manoirs ou de plusieurs villages indépendants ou encore des uns et des autres dans la même circonscription urbaine ou cité. Il ne reste alors qu'à étendre l'échange et la consommation à un plus ou moins grand nombre de ces cités, ainsi que des manoirs et des villages que la cité n'est point arrivée à absorber dans son sein, pour constituer avec l'État cette économie nationale dont parle M. Bücher.

C'est en éliminant tous les membres intermédiaires entre le foyer et la ville, que l'éminent professeur de Leipzig a été amené non seulement à donner à l'évolution économique un point de départ entièrement faux, moins encore à faire entrer toute l'économie des anciens dans une des deux catégories qui précèdent, selon sa doctrine, l'avènement de l'économie nationale. C'est pour la même raison que le manoir féodal et la communauté villageoise, tous deux si caractéristiques pour le Moyen Age, n'apparaissent chez lui que sous le masque de l'économie de foyer ou de l'économie urbaine. M. Edouard Meyer, dans une brillante conférence faite au Congrès des historiens allemands réunis l'an dernier à Francfort, a déjà fait raison de l'erreur qui consiste à croire que l'antiquité toute entière n'avait pas connu l'économie d'échange, et que la consommation n'y sortait point d'un cercle restreint de producteurs. Rodbertus a été le premier, dit-il, à prétendre que l'économie des anciens était une économie isolée (*eine oiken oder autonome Wirthschaft*) se suffisant à elle-même. Cette conception de la vie antique contredisait, il est vrai, tout ce que nous savons d'elle, et d'une façon si absolue, que les historiens de la Grèce ou de Rome se sont bien gardés d'y attacher la moindre importance. Mais il n'en fut pas de même des économistes. Elle a trouvé tout récemment un partisan très fervent (c'est M. Meyer qui parle) dans la personne du professeur Karl Bücher, qui va jusqu'à prétendre que l'économie nationale est née seulement avec l'État moderne (p. 14). La période exempte d'échange, celle de l'économie du foyer, dura, à son avis, des origines jusqu'au Moyen Age; toute l'antiquité y est par conséquent englobée (1).

M. Meyer n'a pas de difficulté à établir que le tableau fait par Rodbertus et, d'après lui, par M. Bücher de l'économie des anciens comme fondée exclusivement sur le travail forcé, ainsi que l'application à toute l'antiquité des paroles de Petrone et de Varron sur l'inutilité des achats, vu que tout peut être produit chez soi (*omnia domi nascuntur*), ne rendent que d'une façon tout à fait insuffisante la variété des régimes économiques connus de l'antiquité et leur évolution naturelle vers le ménage d'échange. Tout ce que Thucydide nous dit des paysans libres du Péloponèse, cultivant leurs propres biens, reste en dehors de cette peinture, ainsi que tout ce que les documents historiques nous apprennent sur le commerce étendu des Pharaons d'Égypte, équipant des flottes marchandes ou établissant des lieux d'échange pour les produits de leur vaste Empire. Il en fut de même des Assyriens et des Perses, des Phéniciens, des Hébreux et des Carthaginois et, sur une plus grande échelle, des colons grecs de l'Asie-Mineure, des habitants de Corinthe, de Lacédémone et de l'Attique. Le tableau fait par Rodbertus et pris au sérieux par Bücher pourrait au plus se rattacher à une époque de décadence de l'ancien Empire romain, alors que se formèrent ces immenses exploitations agricoles connues sous le nom de *massæ* et qui, effectivement, ont plus ou moins éliminé le travail libre; mais même de ce temps on pouvait encore trouver des restes de communautés de paysans libres, ainsi que l'a démontré M. Schulten dans son livre sur les *Communautés rurales dans l'Empire romain* (*Philologus* 53, 1894). Si le servage s'est étendu, c'est qu'à la suite de causes multiples et dont les guerres et les épidémies ont fait partie de même que l'extension des latifundia, le nombre des cultivateurs libres a tellement diminué, que, selon Pertinax, en l'année 193 de notre ère, on se trouva forcé d'admettre l'occupation libre des terres en friche ou délaissées même sur les domaines de l'Empereur (2).

Ce n'est qu'à cette époque des latifundia, cultivés par des esclaves et des colons attachés à la glèbe que la consommation a pu se faire sans sortir des limites du manoir, rien qu'en utilisant les valeurs pro-

---

(1) Voy. *Die wirtschaftliche Entwickelung des Alterthums*, par Edouard Meyer; Iena, 1895, p. 2.

(2) *Ibid.*, p. 57.

duites sur les lieux et qui, étant les mêmes que celles des manoirs voisins, ne pouvaient être écoulées par le moyen de l'échange. Encore ne peut-on établir ce fait que pour quelques provinces éloignées et ne peut-il en être question dans le voisinage des grands centres de population tels que Rome, laquelle, pour servir à ses besoins d'entretien et de luxe, faisait appel au monde entier.

Nous n'insisterons pas sur l'évidence de cette exposition, on ne peut plus lucide et documentée, et nous nous contenterons d'enregistrer ce résultat que la classification choisie par M. Bücher ne nous permet point de suivre les progrès et les regrès (j'emploie là un terme mis en vogue par M. de Greef), que présente l'économie des peuples de l'antiquité.

Il en est de même pour ceux du Moyen Age. Je ne saurais le répéter trop souvent. On n'a pas tout dit en prétendant que le régime économique qui lui est propre ne contient que deux formes : le ménage exercé au sein du foyer, et le ménage dans les limites de la cité, dans le sens d'agglomération urbaine. On a dit plus que ce qu'on avait le droit de dire en prétendant que la production des valeurs d'échange et la circulation des richesses ont été ignorées par le Moyen Age. Quel cas fait-on, en le prétendant, des foires internationales, des grandes opérations commerciales des Vénitiens, des Génois, des Catalans, des Flamands, etc.? Comment accorder cette doctrine avec l'existence de nombreuses institutions de crédit et de ces emprunts internationaux dont la dette, non encore payée, du roi Edouard III d'Angleterre à la maison Peruzzi de Florence nous présente un exemple frappant?

Ainsi, loin d'établir une barrière chronologique entre le ménage de consommation et le ménage d'échange, contentons-nous d'une limite flottante et qui a pu être franchie par des peuples divers à la distance de centaines et de milliers d'années. Cette idée s'accorde d'ailleurs, on ne peut mieux, avec notre théorie générale qui voit dans l'accroissement de la population le facteur direct de toutes les évolutions du régime économique et, par conséquent, lui attribue également le passage spontané à la production de valeurs d'échange dont la circulation peut embrasser toute une série de peuples.

L'avantage de notre classification consiste tout d'abord dans une certaine gradation, qui permet de suivre pas à pas l'évolution du régime économique au fur et à mesure que l'État dissout dans son sein les ménages indépendants, clans, villages, manoirs, cités, qui longtemps lui firent échec. Mais notre doctrine a pour elle également ceci, c'est qu'elle nous autorise à chercher les premières origines des divers éléments dont se constitue l'économie nationale moderne à une époque antérieure à l'établissement d'échanges réguliers entre producteurs d'un ou de plusieurs États.

Nous n'avons pas besoin de forcer l'histoire, ainsi que le fait, par exemple, M. Loria, lorsqu'il prétend que la rente et le salaire n'ont pu s'établir que tout récemment lors de l'absorption complète des terres en friche; l'esclavage et le servage sont, d'après lui, les seuls régimes capables d'empêcher les travailleurs d'émigrer en masse sur les terres libres et de mettre par là un terme forcé à l'aménagement des champs du manoir. Nous ne voyons point d'empêchement à ce que la rente ainsi que le salaire se produisent encore à l'époque du ménage de consommation immédiate conduit par le seigneur féodal, alors que, avec une population plus dense, s'est fait sentir pour la première fois l'insuffisance du travail servile, généralement peu productif et fort coûteux.

Le propriétaire foncier a pu trouver son profit à libérer ses serfs en gardant pour lui leur terre, sauf à la donner plus tard en rente perpétuelle à ces mêmes affranchis. — Les foyers d'esclaves et de serfs commençant à être moins nombreux, à la suite d'un pareil procédé, il a bien fallu faire appel au travail libre de ces mêmes affranchis, d'abord d'une façon fortuite à l'occasion des labourages et des récoltes, puis d'une façon régulière de mois en mois et de jour en jour. Nous verrons dans la suite que la législation du xiiie et du xive siècle s'est déjà occupée de la question des salaires. Même bien avant cette époque, nous trouvons en Grèce et à Rome le louage des terres par des travailleurs libres et l'engagement de ces mêmes travailleurs par le propriétaire (1).

Le salaire et la rente se sont constitués encore plus tôt au sein des villes, alors qu'il s'est agi de rémunérer le travail libre des artisans exerçant leurs métiers dans les lieux francs en dehors des corporations ou de placer la propriété bâtie entre les mains de fermiers héréditaires ou de fermiers à terme. Il est vrai que la rente, dans le sens que lui attache Ricardo, c'est-à-dire la rémunération du propriétaire pour les qualités productives du sol, rémunération qui augmente au fur et à mesure que la culture s'étend à des terrains d'une fertilité moindre, n'a pu se produire que du moment où le fermage héréditaire, autrement dit l'emphythéose, a été remplacé par le fermage à

---

(1) Meyer, *op. cit.*, p. 38.

terme. Mais ceci fut encore le produit de l'accroissement de la population, qui fit monter la valeur des terrains et força le propriétaire, dans ses propres intérêts, de mettre un terme aux tenures héréditaires. De même le salaire, comme rémunération du travail, dont le taux dépend de l'offre et de la demande, ne fut définitivement établi que du moment où les gouvernements renoncèrent à l'idée d'établir des maxima et d'y assujettir les chefs d'entreprises et les exécuteurs du travail par la crainte de peines pécuniaires et d'emprisonnement. Or ceci ne se produisit qu'à une époque relativement récente, ia loi d'Élisabeth sur le taux des salaires partant encore des mêmes idées dont s'inspira, au xive siècle, la législation ouvrière d'Edouard III et de ses contemporains en France, en Espagne et en Italie.

Je me résume en disant que l'évolution économique présente, à mon point de vue, deux grandes époques :

1) Celle du ménage de consommation immédiate ;

2) Celle du ménage d'échange.

Chacune de ces époques se subdivise en périodes qui se distinguent par l'extension des échanges au fur et à mesure que la population devient plus dense.

C'est ainsi que nous passons du ménage de la horde et de la tribu à celui du village, des manoirs et de la cité, pour aboutir à l'économie nationale, qui est celle de nos jours et qui commence déjà à évoluer à son tour. Sans être prophète, il est permis de croire au prochain avènement d'une économie mondiale qui, certes, suivra d'autres voies que celles qui nous sont propres.

Beaugency. — Imp. Laffray.

Le Devenir Social paraît mensuellement par fascicules de 96 pages gr. in-8.

Les abonnements partent du 1er Janvier de chaque année.

Abonnement annuel : France, 18 fr.; Union postale, 20 fr.

Les communications relatives à la Rédaction doivent être adressées à M. A. Bonnet, secrétaire de la Rédaction, au Bureau de la Revue, 16, rue Soufflot.

Les communications relatives à l'Administration à MM. V. Giard & E. Brière, éditeurs, même adresse.

Les manuscrits insérés dans le Devenir Social deviennent sa propriété, et ne peuvent être reproduits sans autorisation.

Tout ouvrage de philosophie, d'histoire ou d'économie dont il est envoyé deux exemplaires est signalé et analysé.

Dans les prochains Numéros seront publiés :

Aveling. — *L'évolution du darwinisme.*

Bernstein. — *Étude critique sur le Capital de Karl Marx.*

Bissolati. — *La vie agricole en Lombardie.*

Kautsky. — *Les conséquences économiques de la dictature du prolétariat.*

Paul Lafargue. — *La criminalité de 1828 à 1892. — Les missions des Jésuites au Paraguay.*

Antonio Labriola. — *La société future ou de la possibilité des prévisions historiques.*

Pierre Lavroff. — *L'élément subjectif dans l'étude de la Sociologie et de l'Histoire.*

Bernard Lazare. — *La Sociologie de M. Novicow. — Le Prolétariat juif en Autriche et en Galicie.*

Platon. — *Observations critiques et historiques sur le métayage.*

Plekhanoff. — *Théorie de la population.*

Giuseppe Salvioli. — *La nationalisation du sol en Allemagne. — L'abolition du féodalisme et l'abolition des droits sur la terre des paysans.*

Max Schippel. — *Essais de constitution d'une classe de petits propriétaires. — Le rôle de la production de l'alcool dans l'économie et la politique prussienne.*

Schœnlank. — *William Petty, fondateur de la statistique et précurseur de l'économie politique classique. — Place de Vauban et de Boisguilbert dans l'économie politique classique.*

Florent Serrurier. — *Étude sur l'industrie du drap au moyen-âge.*

G. Sorel. — *La division du travail.*

W. Steed. — *L'économie politique de Ruskin.*

F. Virgilii. — *La vie agricole en Italie : I: Emilie.*

Zerboglio. — *Le retour au passé. — Les bases économiques de la santé.*

Les ouvrages annoncés et analysés dans le Devenir Social et en général tous les autres ouvrages se trouvent chez MM. V. Giard & E. Brière Libraires-Éditeurs, 16, rue Soufflot, à Paris.

Beaugency. — Imp. Laffray.

2e Année. — Nº 6. — Juin 1896

LE
DEVENIR SOCIAL

REVUE INTERNATIONALE D'ÉCONOMIE, D'HISTOIRE ET DE PHILOSOPHIE

> « Le mode de production de la vie ma-
> térielle domine en général le développe-
> ment de la vie sociale, politique et
> intellectuelle.
>
> « Karl Marx. » *Le Capital.*

SOMMAIRE

Abonnement annuel : FRANCE : 18 fr. — UNION POSTALE : 20 fr.

PARIS
V. GIARD & E. BRIÈRE
LIBRAIRES-ÉDITEURS
16, RUE SOUFFLOT, 16

1896

233